Papierfresserchens MTM-Verlag

Für Willy

Geschichten aus dem Kleinen Land

Sigi und der Rätselbaum

Eine Geschichte von Irmgard Polzer
mit Bildern von Willy Winklharrer

Umgeben von einer großen Mauer lebte das Volk der Kleinen Leute im Kleinen Land. Alles im Kleinen Land war klein: die Menschen, die Tiere, die Pflanzen, einfach alles. Nur die Mauer war riesengroß.

Die Kleinen Leute machten sich keine Gedanken, was hinter der Mauer wohl sein könnte. Sie sagten: „Die Mauer ist das Ende der Welt."

Der kleine Sigi lebte mit seinen Eltern am Rande des Kleinen Landes. Ihr Haus stand in der Nähe der Mauer. Sigi träumte oft von einem fremden Land auf der anderen Seite der Mauer.

„Was ist hinter der Mauer?", fragte Sigi seine Eltern. „Wie sieht es dort aus?"

Doch die nahmen seine Fragen nicht ernst. „Nichts! Hast du schon wieder geträumt?", war meist ihre Antwort.

Sigi bewahrte daher seine Träume und Gedanken als sein großes Geheimnis für sich.

Sigi war kleiner als die anderen Kinder des Kleinen Landes.

„Sigi, fang uns doch", riefen sie und liefen dann davon. Sigi versuchte, ihnen nachzulaufen, aber mit seinen kurzen Beinen konnte er die anderen nicht einholen.

Daher blieb Sigi lieber für sich allein, wanderte durch die Wälder und sprach mit den Tieren, die ihm vertrauten.

Wenn er mit den Kindern oder Erwachsenen zusammentraf, war Sigi still und schüchtern. Er versteckte sich oft, wenn Besuch kam, oder schlich in den Wald zu seinen Freunden, den Tieren, und dachte an das Land hinter der Mauer.

Eines Tages geschah etwas Merkwürdiges im Kleinen Land.

Ein riesiger Vogel flog über den Himmel. Die Kleinen Leute waren so aufgeregt, dass sie alle laut durcheinander riefen.

Das erschreckte den Vogel so sehr, dass er etwas großes Rundes, das er im Schnabel hielt, vor Schreck fallen ließ.

Das runde Ding fiel mitten auf eine Wiese ins Kleine Land. Die Kleinen Leute bestaunten es. Es sah aus wie ein Samenkorn, nur viel, viel größer.

Das Riesenkorn wurde von den Kleinen Leuten sorgsam bewacht.

Als der Frühling kam, begann das Riesenkorn zu wachsen. Neugierig beobachteten die Kleinen Leute, was wohl aus dem Riesenkorn entstehen würde.

Im ersten Jahr wuchs die Pflanze schon so groß, wie ein Strauch im Kleinen Land. Nach fünf Jahren überragte er alles, was im Kleinen Land wuchs.

Die Kleinen Leute nannten den Baum Rätselbaum, weil sie nicht wussten, wo er herkam und wie er hieß.

Der Rätselbaum wurde größer und größer.

Die Kinder liebten den Baum und trafen sich dort oft zum Spielen. Den Erwachsenen war der Rätselbaum unheimlich.

Der alte König des Kleinen Landes sagte: „Wer das Rätsel des Rätselbaums löst, wird neuer König werden."

Viele Kleine Leute versuchten es. Sie reisten durchs ganze Kleine Land, untersuchten die Pflanzen und lasen in Büchern, aber keiner konnte den Namen des Rätselbaums finden.

Eines Tages kam ein Gelehrter an Sigis Elternhaus vorbei. Sigi belauschte das Gespräch der Erwachsenen. Ein riesengroßer Baum mitten im Kleinen Land, das machte Sigi neugierig: „Ich kenne doch alle Bäume des Waldes."

Sigis Neugier war so groß, dass er heimlich seine Siebensachen packte. Er machte sich auf die Suche nach dem Baum.

Es dauerte nicht lange, da entdeckte Sigi eine große Baumkrone hoch oben am Himmel.

„Das muss der Baum sein", freute sich Sigi.

Er musste noch lange gehen, bis er beim Baum ankam. Je näher Sigi kam, umso schneller klopfte sein Herz vor Freude. Endlich stand er davor.

Sigi staunte über den Baum. Er hatte noch nie etwas so Großes und Beeindruckendes gesehen wie den Rätselbaum.

Sigi ging auf die Kleinen Leute zu. „Wisst ihr, wie der Baum heißt? Hat schon jemand den Namen des Baums gefunden?"

Aber niemand konnte Sigi antworten. Ein alter Mann sagte: „Alle klugen Leute des Kleinen Landes haben es schon versucht. Aber niemandem ist es bis jetzt gelungen."

Sigi dachte sich: „Das kann doch nicht so schwer sein. Ich will den Namen des Rätselbaums finden."

Da wagte Sigi etwas, das bis jetzt noch niemand gewagt hatte.

Heimlich kletterte er mit viel Mühe in der Nacht auf den Rätselbaum. Er saß in der Baumkrone und meinte, das Rauschen der Blätter erzähle ihm die Geschichte des Baums.

Aber er konnte die Blätter nicht verstehen. Ein bisschen traurig, aber auch neugierig kletterte Sigi wieder herunter.

Er dachte sich: „Eines Tages werde ich das Rätsel lösen."

Jeden Abend kletterte Sigi nun auf den Rätselbaum und lauschte und beobachtete.

„Der Rätselbaum ist mein Freund", dachte sich Sigi. „Von hier oben kann ich alles sehen."

Er meinte sogar, weit hinter der Mauer des Kleinen Landes winzige helle Lichter zu sehen, und dachte sich, das wären Sterne.

„Oder gibt es doch ein Land hinter der Mauer?", murmelte Sigi oben auf seinem Baum.

Eines Nachts schlief Sigi auf dem Baum ein.

Als er wieder aufwachte, war es hell. Staunend sah er sich um. Unter sich sah er die Kleinen Leute, die kleinen Häuser, das ganze Kleine Land und die Mauer ringsum. Hinter der Mauer sah er weit entfernt viele, viele Rätselbäume stehen. Er traute seinen Augen kaum.

Er entdeckte Häuser, viel, viel größer als die im Kleinen Land, und am Himmel flogen große Vögel.

„Ich hab recht gehabt. Es gibt ein Land hinter der Mauer", jubelte Sigi.

Stolz und glücklich kletterte er vom Rätselbaum herunter. Allen Kleinen Leuten, denen er begegnete, rief er aufgeregt zu: „Ich hab ein Großes Land entdeckt. Es ist hinter der Mauer des Kleinen Landes. Von dort kommt unser Rätselbaum."

Die Kleinen Leute blickten Sigi verwundert hinterher.

Schließlich wagte er es und ging zum Schloss. „Ich hab eine wichtige Nachricht für den König", sagte er zu den Wachen am Tor. „Lasst mich ein!"

Als er zum König kam, berichtete er ganz aufgeregt: „Ich weiß jetzt, woher der Rätselbaum kommt. Er wächst im Großen Land hinter der Mauer. Sag mir, König, wo ist das Tor, durch das ich gehen kann?"

Der König schüttelte ungläubig den Kopf. „Es gibt kein Tor, das durch die Mauer führt. Hinter der Mauer ist nichts, Sigi. Du hast geträumt."

Keiner glaubte Sigi und keiner außer Sigi wagte sich auf den Rätselbaum.

Alle Kleinen Leute sagten: „Sigi ist verrückt geworden. Der Rätselbaum hat ihn verzaubert."

Sigi aber wusste, dass er recht hatte. „Ich hab nicht geträumt", dachte er. „Ich weiß, dass es das Große Land gibt. Ich kann es ja sehen! Aber wie komme ich dort hin? Die Mauer ist viel zu hoch für mich."

Er wollte ein Tor in die Mauer schlagen, aber seine Kraft reichte nicht aus.

Keiner der Kleinen Leute war bereit, ihm zu helfen.

Traurig saß er auf dem Rätselbaum und hoffte, dass er irgendwie eine Lösung finden würde.

„Wer hilft mir? Wer begleitet mich auf meiner Suche nach dem Weg zum Großen Land?", dachte sich Sigi immer wieder.

Er hörte das Zwitschern der Vögel im Rätselbaum. Da hatte er eine Idee. Die Vögel vertrauten Sigi, kamen oft auf seine Hand geflogen. Er hängte den Vögeln kleine Zettel um: „Ich will ins Große Land! Wer hilft mir?"

Die Vögel flatterten aufgeregt mit ihrer Botschaft davon. Sigi saß im Baum und wartete.

Plötzlich hörte er ein Rauschen über sich und er erschrak fürchterlich. Ein riesiger Vogel landete auf dem Rätselbaum. „Ich werde dir helfen", sagte der Vogel. „Klettere auf meinen Rücken. Ich fliege mit dir zum Großen Land."

Das ließ sich Sigi nicht zweimal sagen. Er vergaß seine Angst und setzte sich auf den Rücken des Vogels. Der Vogel breitete seine Flügel aus und flog fast lautlos über das Kleine Land, über die Mauer mitten hinein ins Große Land, zu den Großen Leuten.

Sigi kam aus dem Staunen nicht heraus.

„He, schaut euch den kleinen Knirps da an", riefen die Großen Leute, als sie den winzig kleinen Sigi entdeckten.

Sigi aber nahm all seinen Mut zusammen und erzählte ihnen seine Geschichte vom Kleinen Land, der unüberwindbaren Mauer und vom Rätselbaum.

Die Großen Leute hörten verwundert zu und wurden neugierig aufs Kleine Land.

Sigi schaute die Großen Leute bittend an: „Könnt ihr nicht ein Tor in die Mauer bauen?"

Schnell fanden sich viele Große Leute, die Sigi helfen wollten. Sie wanderten zur Mauer des Kleinen Landes. Weil sie Große Leute waren und gemeinsam anpackten, fiel ihnen die Arbeit nicht schwer.

Als das Tor fertig war, umarmte Sigi dankbar die Großen Leute und wollte sich schon verabschieden. Da fiel ihm noch etwas ein.

„Halt, ich hab ja noch das Wichtigste vergessen!"

Sigi rannte zu einem Baum des Großen Landes, der die gleichen Blätter hatte wie sein Rätselbaum.

„Wie nennt ihr Großen Leute unseren Rätselbaum?"

Die Großen Leute sahen sich an und lachten. „Das ist eine Eiche", riefen sie.

„Danke", rief Sigi und eilte davon.

Sigi lief schnurstracks zum Schloss des Königs.

„Ich kenne den Namen des Rätselbaumes", rief Sigi ausgelassen. „Er heißt Eiche! Die Großen Leute haben es mir erzählt und mir geholfen, ein Tor in unsere Mauer zu bauen."

Aufmerksam lauschte der alte König Sigis Erzählung. Dieses Mal glaubte er Sigi und blickte ihn bewundernd an.

Der König rief das Volk der Kleinen Leute zusammen. Als alle im Schloss versammelt waren, sagte der alte König feierlich: „Sigi hat das Rätsel des Rätselbaums gelöst. Deshalb wird Sigi der neue König des Kleinen Landes sein."

Die Kleinen Leute staunten nicht schlecht. Der kleine Sigi als König im Kleinen Land, das hätte sich keiner träumen lassen.

Sigi aber dachte sich: „Der Rätselbaum ist der Größte im Kleinen Land. Er hat mir geholfen. Jetzt werde ich ein König."

Stolz setzte er sich auf den Thron.

Die Kleinen Leute feierten beim Rätselbaum ein großes Fest und jubelten Sigi zu.

Am Ende des Fests führte Sigi alle Kleinen Leute durch das Tor ins Große Land.

Seit der Zeit besuchten sich die Großen und die Kleinen Leute.

Sigis neues Zuhause wurde das Königsschloss. Sigi wurde für die Kleinen Leute ein guter und gerechter König. Sein Lieblingsplatz in seinem Reich aber blieb der Rätselbaum.

Die Autorin

Irmgard Polzer, geboren 1962 in Burghausen, Bayern, ist dem Städtchen gemeinsam mit ihrem Mann bis heute treu geblieben. Als ausgebildete Erzieherin hat sie viele Jahre mit Begeisterung den Kindern gewidmet.

Geschichten vorlesen, Theater spielen mit und für Kinder – dafür sprudelten schon immer eigene Ideen aus ihrem Kopf. Aus all diesen Geschichten einmal Bücher zu machen, war lange ihr Traum.

Irmgard Polzer

Mit dem Bilderbuch „Geschichten aus dem Kleinen Land" startet sie ihre Bilderbuchreihe.

Die Illustrationen zu ihrer Erzählung schuf der vielseitige Maler Willy Winklharrer. In kreativer Zusammenarbeit entstanden durch seine Künstlerhand die Aquarellbilder für das Bilderbuch.

Papierfresserchens MTM-Verlag

Die Bücher mit dem Drachen

Tanja Esche & Miriam Gauder
Lucia kann zaubern
ISBN: 978-3-86196-065-2 • 9,50 Euro

Lucia hat ein Geheimnis: Immer wenn sie wütend wird, wächst sie zu einer Riesin heran. Gerade könnte sie platzen vor Wut. Denn erst trennen sich ihre Eltern und dann muss sie auch noch mit ihrer Mutter wegziehen. Als sie sich im Garten ihres neuen Zuhauses in eine Riesin verwandelt, begegnet ihr die kleine Elfe Elfie, die denkt, Menschen könnten zaubern! Doch was ist das? Wer hat da gezaubert?

Lucia und Elfie finden sich plötzlich in einer Welt wieder, die sie bisher noch nie gesehen haben: im großen NICHTS – einem merkwürdigen Ort, an dem der große Nichtsnutz mit all seiner Farblosigkeit über Tunichtgute und Taugenichtse herrscht. Was verbirgt sich hinter dieser geheimnisvollen, farblosen Welt? Und wer ist dieser allmächtig große Nichtsnutz, den noch nie jemand zuvor gesehen hat?

Verona Radloff
Arne und der Eisbär
ISBN: 978-3-86196-064-5 • 12,90 Euro

Arne liebt Tiere. Besonders Bären haben es ihm angetan. Als er eines Tages im Tierpark einen jungen Eisbären sieht, kann er an nichts anderes mehr denken. Am liebsten hätte er einen eigenen Eisbären zum Spielen. Seine besorgten Eltern versuchen ihm klarzumachen, dass das nicht geht. Enttäuscht muss Arne erkennen, dass sein Wunsch wohl nicht in Erfüllung gehen wird. In der Nacht bietet sich ihm dennoch überraschend eine Chance. So macht sich Arne auf eine große, abenteuerliche Reise ...

Tanja Maria Pütz
Bono und Ora – Der Schatz der Insel KaSaLu
ISBN: 978-3-86196-062-1 • 15,50 Euro

Auf der Insel KaSaLu soll es einen ganz besonderen Schatz geben. Darüber hat Bono in einem Buch gelesen. Deshalb reist er auf die Insel und lernt dort den lustigen, immer hungrigen Wasserdrachen Ora kennen. Zusammen erleben sie ein spannendes Abenteuer, das sie einmal über die Insel führt und bei dem sie so manche schwere Hürde zu überwinden haben.

Martha Kogler und Christine Stöger
Fritzfratz - Die dunkel-kohlrabenschwarze Tintenpatrone
ISBN: 978-3-86196-060-7, ● 13,90 Euro

Fritzfratz ist eine Tintenpatrone.
Dunkel - kohlrabenschwarz und dick!

Welch ein Name
für eine Dame
und diese Figur
was denkt die sich nur ...

Die Geschichte von Fritzfratz dreht sich um Ausgrenzung, Selbstbestimmung und Integration.

Melanie Thiel
Filius Fledermaus
Hardcover
ISBN: 978-3-86196-042-3 ● 13,90 Euro

Filius Fledermaus ist neu in den Wald gezogen. Er macht sich sofort auf die Suche nach neuen Freunden und findet den Hasen, die Maus und den Igel. Aber die wollen gar nichts von ihm wissen! Sie finden ihn gruselig und glauben, dass er überhaupt nicht zu ihnen passt. Filius versteht die Welt nicht mehr. Nur weil er anders ist, mögen die anderen ihn nicht. Doch dann hat er die Möglichkeit, seine besonderen Fähigkeiten unter Beweis zu stellen. Lasst euch überraschen!

Das Online-Magazin für junge Literatur und Leseförderung

- Junge Literatur: Hintergründe, Fragen und spannende Themen aus der Welt der Bücher
- Interviews mit bekannten AutorInnen und "Büchermenschen"
- aktuelle Buchvorstellungen
- Jeden Monat neu und kostenlos!

www.papierfresserchen.biz/unsere-projekte/lese-drehscheibe

Papierfresserchens MTM-Verlag GbR
Heimholzer Str. 2 ● D- 88138 Sigmarszell
www.papierfresserchen.de ● info@papierfresserchen.de
Tel.: 08389/9224851

Bibliografische Information der Deutschen Nationalbibliothek:
Die Deutsche Nationalbibliothek verzeichnet diese Publikation in der Deutschen Nationalbibliografie; detaillierte bibliografische Daten sind im Internet über http://dnb.d-nb.de abrufbar.

1. Auflage 2011
ISBN: 978-3-86196-077-5
Lektorat und Satz: Sandy Penner
Illustrationen: Willy Winklharrer

Das Werk einschließlich aller seiner Teile ist urheberrechtlich geschützt. Jede Verwertung außerhalb der engen Grenzen des Urheberrechtsgesetzes ist ohne Zustimmung des Verlages strafbar. Das gilt insbesondere für Vervielfältigungen, Übersetzungen, Mikroverfilmungen und die Einspeicherung und Verarbeitung in elektronischen Systemen.

Copyright 2011 by Papierfresserchens MTM-Verlag GbR
Heimholzer Str. 2, 88138 Sigmarszell, Deutschland

www.papierfresserchen.de
info@papierfresserchen.de